RECURSOS EM
MATÉRIA FALIMENTAR

T226r Teixeira, Orci Paulino Bretanha
    Recursos em matéria falimentar / Orci Paulino Bretanha Teixeira. — 2. ed. — Porto Alegre: Livraria do Advogado, 1997.
    64p.; 14x21cm.
    ISBN 85-7348-045-9
    1. Processo falimentar. 2. Direito Falimentar. 3. Recurso: Processo Civil: Falência. I. Título.
    CDU 347.736

    Índices para catálogo sistemático
    Direito Falimentar
    Processo falimentar
    Recurso: Processo Civil

(Bibliotecária responsável: Marta Roberto, CRB 10/652)

Orci Paulino Bretanha Teixeira

RECURSOS EM MATÉRIA FALIMENTAR

Segunda edição

livraria
DO ADVOGADO
editora

Porto Alegre
1997

© Jefferson Carús Guedes, 1997

Capa, projeto gráfico e diagramação de
Livraria do Advogado / Valmor Bortoloti

Revisão técnico-lingüísta
Adalberto José Kaspary

Direitos desta edição reservados por
Livraria do Advogado Ltda.
Rua Riachuelo, 1338
90010-273 Porto Alegre RS
Fone/fax: (051) 225 3311
E-mail: liv_adv@portoweb.com.br
Internet: http://www.liv-advogado.com.br

Impresso no Brasil / Printed in Brazil

Prefácio da 1ª edição

Existem momentos no cotidiano da vida profissional que verdadeiramente proporcionam imensa satisfação e felicidade. Dentre estes, sem sombra de dúvida, incluo a apresentação deste trabalho jurídico.

Efetivamente, na qualidade de Coordenador do Curso de pós-graduação em Direito Processual Civil, nível de especialização, da Pontifícia Universidade Católica do Rio Grande do Sul, nada mais gratificante do que presenciar a publicação de estudo lá concebido.

Com entusiasmo, desde a concepção, acompanhei a pesquisa que dá suporte à presente monografia de autoria do combativo e operoso Procurador de Justiça Orci Paulino Bretanha Teixeira, o qual, nesta, revela, além das qualidades por todos já conhecidas, a extraordinária capacidade de, com rara objetividade, expor tema complexo, amoldando-se, desta forma, perfeitamente as exigências impostas aos juristas deste final de século.

Ao enfrentar o tormentoso tema dos recursos em matéria falimentar, o autor formatou-o como verdadeiro manual, visto que a literatura nacional carecia exatamente de obra com este propósito, e esta decisão constituiu o primeiro acerto do seu ensaio. Em seu "Manual", demonstra, com clareza meridiana, a necessidade de colmatar eventuais lacunas da seara recursal falimentar, mediante a integração deste sistema com o Direito Processual codificado. Demonstra, assim, em verdade, além da existência de um ordenamento recursal falimentar, com peculiaridades próprias, a necessidade da integração deste com a teoria dos recursos em geral, com o propósito de combater eventuais antinomias exegéticas, por vezes tão presentes no direito atual.

Mercê de uma determinação invulgar dedicada à elucidação da causa recursal, consegue o autor, calcado em oportuna bibliografia, construir uma exposição de objetiva e agradável leitura e, muito especialmente, voltada para a efetividade do processo, quiçá o reclamo maior das mais modernas construções jurídicas do mundo ocidental.

E, por assim ser, é ferramenta que não pode faltar a nenhum daqueles que fazem da luta forense profissão de modo especial Juízes, Promotores de Justiça e Advogados.

Maio/1996.

Sérgio Gilberto Porto

Sumário

Introdução	9
1. A falência como objeto de Direito Processual	13
2. Sentença de falência	17
3. Recursos em matéria falimentar	21
4. Recursos em espécie	25
4.1. Agravo de instrumento típico	25
4.2. Agravo de instrumento sucedâneo ou atípico	28
4.3. Agravo retido	30
4.4. Embargos	31
4.5. Apelação	33
4.6. Recurso em sentido estrito	36
4.7. Embargos infringentes	36
4.8. Embargos de declaração	38
4.9. Recursos constitucionais	39
5. Contagem do prazo de recurso	44
6. Fungibilidade dos recursos	46
7. Recurso adesivo	48
8. Legitimidade do Ministério Público para recorrer em matéria falimentar	50
9. Mandado de segurança	54
Conclusão	57
Bibliografia	61

Introdução

O sistema processual brasileiro, no processo falimentar, oferece os recursos pelos quais as decisões judiciais podem ser impugnadas, com maior ou menor intensidade, com a finalidade de proporcionar decisões mais justas e adequadas à realidade socioeconômica.

Os meios processuais criados pelo direito brasileiro, com auxílio da ciência jurídica, revelam-se corretivos de sentenças errôneas ou injustas.

Por outro lado, o sistema econômico brasileiro não suportaria a perpetuação dos litígios, mediante diversos mecanismos, entre os quais a interposição dos recursos que são recebidos, em regra, nos efeitos devolutivo e suspensivo, com exceção do agravo de instrumento típico, com previsão na Lei de Falências, em seu artigo 17, *caput*, e os embargos, previstos no artigo 18 e seus parágrafos, da mesma lei, recebidos apenas no efeito devolutivo.

Em matéria falimentar, para evitar danos irreparáveis no mundo dos negócios, da sentença que decreta a falência os recursos têm apenas efeito devolutivo, pois a decisão inicia a execução provisória, segundo magistério de Pontes de Miranda.

A interposição do recurso admissível acarreta o adiamento da preclusão e/ou da coisa julgada, mas nada tem a ver com o efeito suspensivo do recurso de agravo de instrumento definido pelo Código de Processo Civil, pois o processo de falência possui rito próprio e se inicia com a sentença que a decreta; portanto, inicia-se nova fase processual, ou propriamente o processo falimentar, conforme afirmam os doutrinadores brasileiros consultados.

Em matéria processual civil o efeito suspensivo faz com que fique suspensa a eficácia da decisão impugnada, isto é, torna a decisão recorrida desprovida de executoriedade imediata, até que o recurso seja julgado. A eficácia da decisão é distinta da suspensividade como efeito do recebimento do recurso, em razão da especialidade e da natureza da sentença falimentar.

A legislação falimentar possui um sistema recursal próprio, previsto na Lei de Falências, mas que é incompleto, ficando algumas decisões e sentenças sem previsão de recursos para atacá-las.

Como solução, a doutrina e a jurisprudência admitem a aplicação subsidiária da legislação processual, em obediência ao princípio do duplo grau de jurisdição, elevado a garantia constitucional[1], conforme leciona Nelson Nery Júnior.

Na literatura jurídica brasileira o sistema de recursos, em matéria falimentar, ainda não foi estudado em profundidade. A pesquisa carece de uma garimpagem em obras de direito material e processual, razão pela qual, para a elaboração deste estu-

---

[1] "E no Brasil, é a própria Constituição Federal que dá a tônica, os contornos e os limites do duplo grau de jurisdição". p. 247. Princípios Fundamentais. Teoria Geral dos Recursos.

do, foi considerada, essencialmente, a doutrina brasileira, sem aprofundamento na jurisprudência.

E considerando-se que os temas foram abordados sob a ótica do direito processual civil, combinada com dispositivos da Lei de Falências, a ordem adotada para a exposição priorizou a importância dos recursos próprios para atacar a sentença que decreta a falência, sem desprezar os meios processuais contra decisões, sentenças e acórdãos.

Os recursos previstos na legislação processual são cabíveis quando não conflitarem com a legislação falimentar, pois o nosso sistema não admite, como regra, decisões e sentenças irrecorríveis.

Neste estudo, pela importância do tema, levando-se em conta que a legislação falimentar prevê, para os recursos de agravo de instrumento e de embargos, apenas o efeito devolutivo, foi incluído um breve estudo sobre o mandado de segurança, admitido para dar efeito suspensivo ao recurso recebido apenas no efeito devolutivo.

1

A Falência como objeto do Direito Processual

Na doutrina brasileira, ao fazermos uma análise jurídica do instituto da falência, teremos como resultado lógico o direito material e processual compondo um corpo único.

No campo jurídico, a falência sempre foi considerada como instituto que abrange normas de direito comercial, penal, administrativo, internacional e processual.

Para um correto posicionamento sobre o tema proposto (recursos no direito falimentar), ante a concursalidade das normas, devemos considerar a falência sob seu dúplice aspecto: do direito material e do direito processual.

As normas que definem e disciplinam a atividade comercial estão na origem histórica de nossa legislação processual (Decreto nº 737, de 25 de novembro de 1850)[2]

---

[2] "Art. 1º - 'Todo o Tribunal ou Juiz que conhecer dos negócios e causas comerciais, todo o árbitro ou arbitrador, *expert* ou perito que tiver de decidir sobre objetos, atos, ou obrigações comerciais, é obrigado a fazer a aplicação da legislação comercial aos casos ocorrentes." (Art. 21. Título Único, do Código Comercial).

A legislação falimentar brasileira compõe-se de regras de direito material e de direito processual. Trata ela, de acordo com a nossa tradição, do seu peculiar procedimento, mas não esgota as regras processuais. Isso levou a doutrina e a jurisprudência a indagarem se é possível considerar o Código de Processo Civil lei subsidiária do processo falimentar, nas lacunas e omissões da respectiva lei.

Segundo Rubens Requião, ao examinar a matéria, a resposta depende de certa cautela[3].

Muito se discutiu, em nível de doutrina, acerca de qual dos aspectos tem maior ênfase. Inicialmente, em face da origem, história, tradição e insipiência da ciência processual, por longo tempo os doutrinadores imprimiram maior ênfase aos aspectos do direito material, principalmente do direito comercial. Para esses autores, as normas materiais, nucleadoras por natureza, são as mais importantes.

Neste século, com o aprofundamento do estudo do Direito Processual Civil, estudiosos constataram que nenhum efeito jurídico advém da Lei de Falências sem uma sentença que a declare, instaurando, dessa forma, o processo falimentar.

Pelo fenômeno da *recepção*, que alguns doutrinadores chamam de absorção compatível, a Constituição Federal de 1988 revigorou o Código de Processo Civil, salvo nos dispositivos implicitamente revogados.

---

[3] "Se a Lei de Falências estabelece normas processuais próprias, a resposta poderia desde logo ser negativa. O fato, porém, é que essas normas especiais não esgotam toda a matéria processual, de modo que em muitas ocasiões se é tentado a invocar o direito processual comum. Com razão, pois, PONTES DE MIRANDA, ao condenar decisões judiciais simplistas que repetem a aplicação subsidiária do Código de Processo Civil". Requião, Rubens. *Curso de direito falimentar*. 2º vol. Saraiva. 14ª ed. 1995.

Para inserir as normas de direito falimentar no Código de Processo Civil, teria sido preciso separar o que é de direito material do que é de direito processual. Esta cisão não se coadunaria com o tipo unitário (material e processual) da nossa tradição na legislação falimentar.

O processo de falência inicia-se com a sentença que a declara. Deste modo, passou-se a focalizar, em primeiro plano, o processo, razão pela qual os que defendem a especialidade do direito concursal ou falencial o fazem em face da peculiaridade da matéria e dos instrumentos disponíveis. Enquadram-no no sistema de normas de direito processual, que enfoca a execução coletiva.

Em defesa da tese da especialidade, apagam a solução processual, concluindo pela especialidade própria da falência. Apesar dessa conclusão, não deixam, os que assim entendem, de destacar o aspecto processual do instituto da falência. Salientam eles que a falência é um processo coletivo, com o objetivo de liquidar as obrigações do devedor inadimplente ou insolvente, com a evidente finalidade de proteção do crédito e a exclusão do empresário desonesto.

No processo, o interesse público, que legitima a atuação obrigatória do Ministério Público, é mais intenso, porque pode haver modificação e extinção de obrigações, com pagamento reduzido ou sem pagamento, além da possibilidade de ter o devedor praticado crimes falimentares ou de outra natureza.

O princípio da especialidade, adotado pela Lei de Falências, superou a discussão relativa à distinção entre normas de direito material e de direito processual, tendo, dessa forma, os doutrinadores pacificado a questão.

A Lei de Falências compreende normas de direito material (comercial, penal e internacional) e de direito processual (processual civil, administrativo, penal e internacional).

Por outro lado, o direito material está ligado ao processual, constituindo um corpo único. Na prática, seria temerário dissociar as normas materiais das processuais, pois umas complementam as outras, em um todo harmônico e sistemático. Do ponto de vista formal, em nossa doutrina, o processo falimentar é uma execução coletiva, com o objetivo de extinguir a empresa devedora.

Pela natureza do instituto da falência, a finalidade é obter do Estado a prestação jurisdicional executiva, mediante o processo regulado na legislação própria.

Não é aconselhada, pelos autores brasileiros, a distinção efetiva em normas materiais e processuais, por estarem intimamente interligadas e integrarem um sistema harmônico.

A falência, adotando-se o magistério de Pontes de Miranda, é um fato jurídico que se apresenta como instituto processual, pois existe e tem efeitos após a sentença. Esta a razão pela qual a grande maioria das regras da Lei de Falências dizem respeito à forma de prestação jurisdicional[4].

---

[4] "A existência de regras jurídicas e leis especiais é inevitável. Não se poderia estar a pôr em dia, incessantemente, o Código de Processo Civil. Não se pense, todavia, que, com o fato de haver processo especial, perde o Código de Processo Civil a sua importância como lei. Os seus princípios enchem, como processo especial, todo o espaço e só falham no espaço em que os princípios do processo especial têm de ser observados". PONTES DE MIRANDA, Comentários ao Código de Processo Civil. 4ª ed. Tomo 1- Atualização Legislativa de Sérgio Bermudes, Forense, Rio de Janeiro, 1995, p. 87.

2

Sentença de falência

Na prestação jurisdicional, os pronunciamentos do juiz são de três espécies: despachos, decisões e sentenças[5]. Despachos são todos os atos do juiz, de ofício ou a requerimento, a que a lei não determina forma própria, destinados a impulsionar ou regularizar o andamento do processo e compreendem os despachos ordinatórios, ou de expediente, e o despacho saneador.

Despacho ordinatório, ou de expediente, é ato de simples impulso processual; dele não cabe recurso.

Despacho saneador é o proferido após a formação do contraditório e oitiva do Ministério Público, quando for o caso, no qual o juiz elimina as irregularidades, se manifesta sobre as nulidades, decide sobre a prova e determina as diligências necessárias; deste despacho cabe o recurso de agravo de instrumento sucedâneo ou atípico.

As decisões interlocutórias, que decidem questões processuais incidentes, não põem termo ao

---

[5] "Os atos do juiz consistirão em sentenças, decisões interlocutórias e despachos" (art. 162, *caput*, do Código de Processo Civil).

processo; o recurso cabível é o agravo retido nos autos ou o agravo de instrumento sucedâneo ou atípico, previstos na legislação processual civil.

A sentença é o ato do juiz destinado à solução do litígio; é terminativa do feito[6]. Mas, em matéria falimentar, a sentença de falência é um pronunciamento singular; ela instaura e encerra o processo; com ela começa a ação executiva coletiva, e, no caso da interposição de recurso, a execução é provisória[7].

A executividade da sentença é imediata, independentemente de trânsito em julgado da decisão. Esta é a razão pela qual da sentença que a decreta cabem embargos ou agravo de instrumento, recebidos no efeito devolutivo. Esta circunstância levou Pontes de Miranda a classificar a sentença falimentar como constitutiva, pois ela muda uma situação, constituindo uma nova realidade[8].

Pela própria natureza do processo falimentar, que busca a execução coletiva, a sentença que decreta a falência não tem sua eficácia condicionada ao

---

[6] "Apresentado o relatório final, deverá o juiz encerrar por sentença, o processo de falência" (art. 132, L F).

[7] "A sentença que decreta a falência é sentença inicial, em relação ao processo falencial. A ação a que ela se refere, e o pedido, que ela defere, não são a ação, ou o pedido ou pedidos que se vão processar, a partir dela". PONTES DE MIRANDA. *Tratado de Direito Privado*. tomo. XXVIII, Revista dos Tribunais. 3ª ed. São Paulo. 1984.

[8] "A força da sentença de decretação de falências é constitutiva. A declaração de insolvência é enunciado de fato, em que se baseia a decisão constitutiva. Todos os efeitos quanto à pessoa do falido, quanto aos bens do falido e de relações sociais são constitutivos; só a decisão produz, mesmo se *ex tunc*, tais efeitos. O que se produz não existia antes da sentença e só existe porque sobreveio a sentença. São efeitos próprios da sentença e, por sua preponderância, caracterizam-na". PONTES DE MIRANDA, p. 414. *Tratado das Ações*. Tomo III. Revista dos Tribunais, São Paulo, 1972.

trânsito em julgado. Para Pontes de Miranda, a sentença tem "eficácia executiva provisória"[9].

A sentença que instaura o processo falimentar admite os recursos de agravo de instrumento (art. 17, LF) e de embargos (art. 18, LF), da que não declarar a falência, que extingue o processo, cabe o recurso de apelação (art. 20, LF).

Após esta exposição sobre a sentença falimentar, considerando-se que o objetivo deste estudo é dissertar sobre os recursos no processo falimentar, cumpre destacar as seguintes hipóteses: se há pedido de falência, impugnação a esse pedido, ou não há impugnação.

Neste último caso, decorrido o prazo, o juiz decide, decretando, ou não, a quebra.

No caso da segunda hipótese, se não houver provas, o juiz decide logo que decorrido o prazo.

Se houver provas, estas serão produzidas, e, por fim, o juiz profere a decisão.

A decisão, em qualquer caso, pode:

a) rejeitar os embargos (defesa) e decretar a falência;

b) julgar procedentes os embargos (defesa) e, por conseguinte, não decretar a falência.

Dessa decisão cabe recurso (arts. 17 e 19, LF).

Nessa sentença, pode o juiz decretar a prisão preventiva do falido (art. 14 parágrafo único, VI, LF).

O artigo 14 da Lei de Falências, em seu parágrafo único, trata da decisão que decretar a falência,

---

[9] "A sentença de decretação da falência tem eficácia executiva provisória, como o tem o despacho de execução da sentença de condenação que ainda não transitou em julgado, se o recurso só tem efeito devolutivo". p. 407, Pontes de Miranda, *Tratado das Ações*, tomo III, Revista dos Tribunais, São Paulo, 1972.

quer seja da primeira, quer seja da segunda instância.

O falido ou qualquer pessoa cuja prisão for determinada pode impetrar *habeas corpus*, de acordo com o art. 647 do Código de Processo Penal[10]. Pode, ainda, recorrer da sentença (art. 17, LF).

Contra a decisão, pode o devedor agravar (art. 17, LF).

Pode, ainda, embargar a decisão. (art. 18, LF).

---

[10] "Dar-se-á *habeas corpus* sempre que alguém sofrer ou se achar na iminência de sofrer violação ou coação ilegal na sua liberdade de ir e vir, salvo nos casos de punição disciplinar".

3

Recursos em matéria falimentar

A Lei de Falências, pelo seu caráter de legislação especial, possui recursos próprios; em alguns casos, indica a legitimidade para recorrer e remete ao Código de Processo Civil para prazo e processo (art. 207, LF); e, em casos específicos, indica o procedimento contido no Código de Processo Civil.

A reforma do Código de Processo Civil não atingiu, em sua essência e estrutura, a sistemática recursal da Lei de Falências, em razão de adotar-se o princípio da especialidade. Por outro lado, não resta a menor dúvida de que o Código de Processo Civil se aplica subsidiariamente no processo falimentar.

No Código de Processo Civil são previstos diferentes tipos de recursos que entendemos cabíveis, no processo falimentar, quando não conflitarem com a Lei de Falências.

A Lei de Falências e Concordatas, nos artigos 17 a 22, ordena a interposição dos recursos típicos da sentença falimentar, quando declara ou denega a falência.

Cumpre examinar, em primeiro plano, se a sentença foi proferida com fundamento no art. 1º, LF (impontualidade) ou se o foi com base no art. 2º, LF (fatos enumerados na Lei).

Quando a sentença declaratória for proferida com fundamento no art. 1º da LF, teremos três hipóteses.

Da sentença declaratória pode o devedor, o credor ou terceiro prejudicado (os que ficariam privados de direitos com o trânsito em julgado da sentença), na forma do art. 17 da LF, agravar de instrumento. O art. 18 da LF permite, ao devedor, a interposição do recurso de embargos, os quais se processarão em autos apartados.

A sistemática processual em vigor permite, no caso de sentença declaratória de falência, a acumulação do recurso de agravo de instrumento com o de embargos.

Segundo as disposições dos artigos 17 e 18 da LF, o devedor pode interpor recurso de agravo de instrumento ou de embargos, ou ambos, perante o próprio juiz que declarou a falência, com fundamento no art. 1º da Lei de Falências.

Os que argumentam contra a possibilidade de interposição simultânea de agravo de instrumento e embargos sustentam que a permissão é contra o princípio da unicidade recursal, e os recursos visam ao reexame da mesma sentença.

Para José da Silva Pacheco, favorável à interposição dos dois recursos contra a mesma sentença, com fundamento no art. 1º, pode o devedor opor embargos (art. 18, LF) e, simultaneamente, agravo de instrumento (art. 18)[11].

---

[11] "O recurso da sentença não obsta a dedução dos embargos, nem estes a interposição do recurso, mas é óbvio que não é permitido repetir em um as alegações e fundamentos invocados no outro".

No caso da interposição dos dois recursos, a situação mereceria fácil solução: se eles fossem da mesma natureza ou o seu rito se assemelhasse, caberia ao juiz denegar um deles.

O agravo de instrumento é um recurso de solução rápida, que trata de matéria de Direito, e o seu objetivo principal é a celeridade processual. Se o mesmo devedor pretende discutir matéria de fato e/ou produzir prova durante o recurso, o meio adequado será a interposição de embargos.

Em situação diversa, o devedor embarga, e o credor agrava de instrumento. Aqui são dois recursos interpostos por duas pessoas diferentes. A solução é a mesma que foi adotada para o duplo recurso do devedor[12].

A melhor doutrina, atendendo aos objetivos da praticidade e da celeridade processual, recomenda que o juiz determine o sobrestamento dos embargos e processe o agravo de instrumento. Julgado o agravo de instrumento e examinado o acórdão, ou em caso de ter o juiz mantido a sentença, ao verificar a não interferência de uma decisão na outra (coisa julgada), processará e julgará os embargos.

PACHECO, José da Silva, p. 300, *Processo de Falência e Concordata*, 5ª ed. Forense. Rio de Janeiro, 1988.

[12] "O devedor embarga e o credor agrava de instrumento; apresentaram-se, aqui, dois recursos diferentes, interpostos por duas pessoas diversas, sob fundamentos também outros.
A solução se apresenta a mesma que a adotada para o duplo recurso do devedor: o juiz determina o sobreestamento dos embargos, processa o agravo de instrumento; julgado este e analisados os capítulos do acórdão, o magistrado, ao verificar a não interferência de uma decisão na outra (coisa julgada) julgará os embargos".
SANTOS, J. A. Penalva. A *Lei de Falências e o novo Código de Processo Civil*, p. 57, Forense, Rio de Janeiro. São Paulo, 1ª ed., 1975.

Deverá o juiz aguardar a decisão do agravo de instrumento, em caso de decisões idênticas, ou prejudiciais, que, embora resolvidas incidentalmente não fazem coisa julgada (art. 469, III, do CPC), visto que entre partes diversas (art. 472 do Código de Processo Civil).

4

Recursos em espécie

4.1. Agravo de instrumento típico

O agravo de instrumento típico da legislação falimentar é processado em autos separados e é cabível contra sentença declaratória da falência (arts. 17 e 18 da LF). A interposição deverá ser por petição, no prazo dez dias (art. 522, *caput* do Código de Processo Civil). O Código de Processo Civil, nos artigos 522 a 529, regula o agravo de instrumento.

Podem agravar de instrumento o devedor, o credor, o terceiro prejudicado e o Ministério Púbico.

O devedor pode interpor o agravo de instrumento em três situações:

a) em falência requerida por um credor, ou, no caso de sociedade comercial, por um dos sócios;

b) em falência requerida pelo próprio devedor, com a finalidade de retratar-se;

c) quando desejar rever apenas parte da sentença.

O credor que não tenha sido o requerente da falência poderá interpor agravo de instrumento para reforma da sentença, se comprovar o interesse legítimo. Agravará na qualidade de terceiro prejudicado.

Com exceção do Ministério Público, que pode recorrer como *custos legis*, mesmo não tendo oficiado no processo e não sendo sucumbente, a parte só nesta situação tem interesse para recorrer. Não há interesse da parte quando a decisão não lhe pode causar prejuízo. Deve ter necessidade de interpor o recurso para evitar prejuízo.

O juiz, recebendo o agravo de instrumento, deverá apreciá-lo, proferindo decisão fundamentada, mantendo ou reformando a decisão.

O agravo de instrumento previsto, como recurso, na Lei de Falências, possui o mesmo caráter do agravo de instrumento da legislação processual civil e admite a retratação[13].

O juiz, ao tomar ciência da interposição do agravo de instrumento, poderá reformar inteiramente a decisão (art. 529 do CPC).

O procedimento do agravo de instrumento típico é o determinado pelo Código de Processo Civil (art. 207, LF). Em que pese não ser da mesma natureza do agravo de instrumento atípico, a própria legislação processual assim determina para não quebrar a sistemática recursal adotada[14].

---

[13] "É tipicamente do caráter do agravo de instrumento o princípio da retratação. E o é por ser interposto, de regra, para ser decidido pelo próprio Juiz. Ele não transfere ao juízo *ad quem*, de imediato, a cognição da matéria nele ventilada. O reexame desta só é deslocado para o órgão judiciário imediatamente superior depois de o juiz *a quo* haver feito novo exame da hipótese e proferido, sobre ela, outro *desideratum*. SANTOS, Ulderico Pires dos. *Agravo de instrumento*, p. 50, 3ª ed. Lumem Juris, 1993, Rio de Janeiro.

[14] "O processo e os prazos de apelação e do agravo de instrumento são os do Código de Processo Civil".
§1º - Em segunda instância, o relator terá o prazo de l0 (dez) dias

O recurso contra a sentença que decreta a falência, em face da instauração do processo falimentar, não tem efeito suspensivo.

Por outro lado, pendente o recurso, este produz efeito especial: o síndico não pode vender os bens da massa (parágrafo único do art. 17 da LF). O juiz, nos casos previstos em Lei, pode mandar vender os bens de fácil deterioração[15].

Quem determina a venda é o juiz, ouvindo o Ministério Público, para evitar o perecimento dos bens. As importâncias resultantes da venda serão depositadas em conta bancária da massa falida[16].

Os valores depositados à massa substituem, como garantia, os bens vendidos.

Por analogia, pode-se admitir a suspensão excepcional (art. 558, CPC) da tramitação do feito, devendo a parte interessada ou o Ministério Público provar o *fumus boni iuris* e o *periculum in mora*.

---

para o exame dos autos, e, na sessão de julgamento, a cada uma das partes será concedida a palavra pelo prazo de dez minutos.
§2º- O acórdão proferido em recurso de agravo de instrumento pode ser executado mediante certidão de julgado.

[15] "Havendo entre os bens arrecadados alguns de fácil deterioração, ou que se não possam guardar sem risco ou grande despesa, o síndico, mediante petição fundamentada, representará ao juiz sobre a necessidade de sua venda, individuando os bens a serem vendidos" (art. 73, LF).

[16] "As quantias pertencentes à massa devem ser recolhidas ao Banco do Brasil ou à Caixa Econômica Federal, suas agências ou filiais. Se no lugar não houver essas agências ou filiais, o juiz designará um estabelecimento bancário de notória idoneidade.
Onde não existir nenhum desses estabelecimentos, os depósitos serão feitos em mãos do síndico.
Parágrafo único: As quantias depositadas não podem ser retiradas, senão por meio de cheques nominativos, em que será mencionado o fim a que se destina a retirada, assinados pelo síndico e rubricados pelo juiz" (art. 209).

O agravo de instrumento é, também, o recurso adequado para atacar a decisão que concede ou nega a concordata.

No processo de concordata, os embargantes, da concessão da concordata, poderão interpor recurso de agravo de instrumento. Por sua vez, ao devedor também é dada a faculdade de interposição de agravo de instrumento, caso não concedida a concordata (art. 146, LF).

Os agravantes deverão cumprir as exigências processuais comuns para a interposição do recurso (arts. 522 a 529 CPC), pois a Lei de Falências adotou o procedimento do Código de Processo Civil, embora os recursos não possuam a mesma natureza.

O agravo de instrumento, no processo falimentar, interposto com fundamento no art. 17 da LF, admite sustentação oral, pelo prazo de dez minutos (art. 207, § 1º, LF), pois prevalece, pelo princípio da especialidade, o disposto na LF.

4.2. Agravo de instrumento sucedâneo ou atípico

Além do agravo de instrumento interposto conta a sentença que decreta a falência, as partes e o Ministério Público poderão interpor agravo de instrumento com fundamento nos arts. 522 e seguintes do Código de Processo Civil.

Uma das possibilidades de interposição do agravo de instrumento (art. 522 do CPC), no processo falimentar, encontrada na doutrina é quando o juiz determina a paralisação da falência, visando à composição dos credores, pois só a efetiva extinção das dívidas do falido autoriza tal pedido (art. 135 e incisos, LF)[17].

O disposto no artigo 554 do Código de Processo Civil não permite a sustentação oral, no julgamento do agravo de instrumento, no segundo grau de jurisdição.

No caso de agravo de instrumento sucedâneo ou atípico, esta norma prevalece, pois se trata de recurso previsto na legislação processual civil, e não na Lei de Falências e Concordatas.

A Lei nº 9.139, de 30 de novembro de 1995, que submeteu o agravo "a uma verdadeira cirurgia", conforme J. E. Carreira Alvim[18], não alterou o agravo de instrumento previsto na legislação falimentar, que só admite o efeito devolutivo, pois a sentença que decreta a falência, pela sua natureza, dá início ao processo falimentar. A sentença é típica do processo falimentar.

O agravo de instrumento disciplinado no Código de Processo Civil é adotado subsidiariamente, razão pela qual, para melhor clareza do tema, aqui é denominado de sucedâneo ou atípico.

---

[17] "Se assim o juiz da falência o fizer, o agravo de instrumento será o recurso adequado para qualquer dos credores provocar o pronunciamento do tribunal de segunda instância." SANTOS, Ulderico Pires dos. *Agravo de instrumento*, 3ª ed. Rio de Janeiro. Lumen Juris Ltda., 1993.

[18] "Um dos mais importantes trabalhos da reforma alcançou exatamente este ponto, submetendo o agravo a uma verdadeira cirurgia, interna e externa, capaz de posicioná-lo entre os mais importantes mecanismos de agilização do processo, com a finalidade de cumprir a um só tempo as funções que, antes, vinham sendo desempenhadas por um recurso (o agravo de instrumento) e um sucedâneo recursal (o mandado de segurança). ALVIM, J. E. Carreira. *Novo Agravo*, Belo Horizonte, Del Rey, 1996, p. 7.

Segundo o magistério de Cândido Rangel Dinamarco, a redação do art. 522 teve como objetivo melhorar a técnica legislativa. Disciplinou apenas o agravo de instrumento previsto no Código de Processo Civil, que é admitido pela doutrina e jurisprudência no processo falimentar, subsidiariamente, como sucedâneo ou atípico[19].

4.3. Agravo retido

No caso do agravo de instrumento sucedâneo ou atípico, a doutrina e a jurisprudência admitem, ainda, o uso do agravo retido, com restrições.

Neste caso, são pressupostos de admissibilidade do agravo retido: tratar-se de agravo de instrumento sucedâneo ou atípico, que o processo propicie recurso de apelação; e que haja interesse do agravante em reter, para apreciação do recurso pelo Tribunal, como preliminar[20].

---

[19] "A redação proposta para o art. 522 visa somente a melhorias de técnica legislativa. Em primeiro lugar, diz de modo direto que os atos judiciais suscetíveis de agravo são as 'decisões interlocutórias'. Tal é o conteúdo substancial do velho art. 522, mas ele está vazado numa redação tortuosa, e a esse resultado só se chega mediante raciocínios de exclusão. Outra inovação formal é a indicação do recurso como 'agravo' (não mais agravo de instrumento), afirmando desde logo que ele poderá ser de instrumento', ou retido. DINAMARCO, Cândido Rangel. *A reforma do Código de Processo Civil*. 2ª. ed. Malheiros Editores 1995, p. 275.

[20] "Na petição, o agravante poderá requerer que o agravo fique retido nos autos, a fim de que dele conheça o tribunal, preliminarmente, por ocasião do julgamento da apelação; reputar-se-á renunciado o agravo se a parte não pedir expressamente, nas razões ou nas contra-razões de apelação, sua apreciação pelo tribunal" (art. 522, §1º, do CPC).

4.4. Embargos

O recurso de embargos, igualmente processado em autos separados, pode ser interposto contra a sentença que decreta falência fundamentada em impontualidade (art. 18, LF). Tem legitimidade para recorrer apenas o devedor, embora ele possa ter assistência dos sócios durante o processo. Opostos os embargos, o requerente da falência será citado para exercer a faculdade de contestar, permitindo-lhe a lei que conte com a assistência do síndico e de qualquer credor.

O devedor dispõe de dois dias, contados da publicação da sentença declaratória da falência, em órgão oficial, para opor os embargos. O embargado terá o mesmo prazo para contestá-los. Decorridos os prazos do art. 18 e seus parágrafos da Lei de Falências, o juiz determinará as provas a serem produzidas, bem como a data da audiência de instrução e julgamento. Os embargos constituem, como o agravo de instrumento, recurso que admite o juízo de retratação[21].

O órgão do 2º grau de jurisdição que julgou a apelação fica vinculado, devendo apreciar a segunda apelação interposta nos embargos.

Conforme sustenta o professor Rubens Requião, no que é acompanhado por outros doutrinadores, os embargos não constituem peça de defesa, mas recurso de retratação.

---

[21] "Admite-se que, havendo fatos novos, ou que não foram articulados, na oportunidade do art. 11, § 3º, da Lei de Falências, possa o devedor, sem prejuízo do agravo de instrumento utilizado contra a sentença declaratória da falência, oferecer os embargos do art. 18 para a dedução da novidade. REQUIÃO, Rubens. *Curso de Direito Falimentar*, 1º vol. São Paulo, Saraiva, 16ª ed. 1995.

A oposição de embargos à sentença declaratória da falência não suspende os efeitos desta nem interrompe as diligências e atos do processo (art. 18, § 4º, LF).

Rubens Requião ensina que cabem embargos apenas contra sentença declaratória, na primeira instância, no que é contrariado por José da Silva Pacheco, que admite embargos contra acórdão[22].

Os embargos são recebidos e processados no primeiro grau.

A Câmara do Tribunal que decretou a falência fica vinculada para apreciar eventual recurso que venha a ser interposto nos embargos[23].

A sistemática processual, que adota o princípio do duplo grau de jurisdição, não admite restrições ao uso de recursos. Por outro lado, a Lei de Falências usa a expressão sentença em seu sentido lato. No caso, não pode o intérprete fazer restrições onde elas não existem.

Luiz Tzisunilk, consagrado professor de Direito Comercial, também entende que o devedor pode opor embargos a decisão de 2º grau[24].

---

[22] "Embargos não podem mais ser opostos ao acórdão que, em segunda instância, conhecer de recursos de agravo de instrumento contra a sentença denegatória da falência. A Lei nº 6.014, de 27 de dezembro de 1973 revogou o § 5º do art. 18 da Lei de Falências, que concedia o recurso referido ", REQUIÃO, Rubens. ob. cit., p. 122.

[23] "O prazo exíguo de dois dias começa a correr para os embargos do falido, a partir da publicação, por edital da sentença decretadora da quebra em qualquer órgão da imprensa" (art. 16 do Decreto-Lei nº 7.661). Quando isso ocorrer, naturalmente os autos já baixaram à primeira instância. PACHECO, José da Silva. *Processo de Falência e Concordata*, 3ª ed., Rio de Janeiro. Forense, 1988, p. 299.

[24] "Quando a declaração da falência se der em segunda instância, os embargos serão procedidos em primeira instância, sendo, a seguir, remetidos para o tribunal que a declarou". TZISUNLIK, Luiz. *Direito Falimentar*. 2ª ed. São Paulo. Revista dos Tribunais, 1991, p. 83.

A legislação falimentar, no art. 18, ao determinar que a sentença que instaura o processo com fundamento no art. 1º pode ser embargada pelo devedor, não vedou o uso de recurso contra acórdão. O recurso é cabível em qualquer instância.

A Lei de Falências (art. 18, § 3º), com a redação dada pela Lei nº 6.014, de 27-12-73, garante o recurso de apelação à decisão dos embargos, de acordo com o rito processual disciplinado pelo Código de Processo Civil, pois se trata de uma sentença que extingue o processo.

A Lei de Falências, no seu art. 18, § 5º, revogado pela Lei nº 6.014, de 1973, dispunha que, no caso de ser a falência declarada por decisão de segunda instância, os embargos seriam processados em primeira instância e remetidos, para julgamento, ao Tribunal que declarou a falência.

A Lei nº 6.014, de 1973, coerente com a moderna orientação doutrinária, aboliu apenas os embargos remetidos.

O órgão do 2º grau de jurisdição que julgou a apelação fica vinculado, devendo apreciar a segunda apelação interposta nos embargos.

4.5. Apelação

O terceiro recurso típico para impugnar decisões em matéria falimentar é o da apelação.

Dispõe o artigo 207 da Lei de Falências que o prazo da apelação é o do Código de Processo Civil, e, pelo artigo 508 deste diploma o prazo para interposição e resposta é de 15 dias.

Da sentença denegatória da falência (art. 1º, LF) cabe o recurso de apelação.

Pela legislação falimentar, a sentença denegatória do pedido de falência não tem autoridade de coisa julgada. O credor poderá requerer novamente a falência do devedor, desde que fundamente em outros motivos[25][26].

Sem aprofundar a questão, cabe referir que a doutrina brasileira não se deteve, ainda, no estudo da coisa julgada, quando improcedente o pedido de falência.

O recurso de apelação é processado nos termos dos artigos 513 a 521 do Código de Processo Civil.

No Direito Falimentar, a apelação tem lugar toda vez que, inexistindo recurso específico na Lei de Falências, for aquele recurso adequado contra a sentença que extinguir o processo, com julgamento do mérito ou sem ele.

Nada impede ao credor que tiver denegado o pedido de falência contra o seu devedor voltar a juízo, com melhores provas, não apenas embasando o pedido no mesmo dispositivo legal, como tam-

---

[25] "O credor, por exemplo, tendo requerido a falência com título não protestado, pode, protestando-o, retornar ao juízo falimentar para pleitear novamente a declaração de falência do devedor. REQUIÃO, Rubens, ob. cit., p. 118.

[26] Alguns autores restringem um pouco esses efeitos da coisa julgada. Entendem eles que, pelo fato de haver identidade de pessoas, não poderá a sentença fazer coisa julgada no sentido de que o mesmo credor venha a requerer a falência do mesmo devedor, com fundamento no mesmo fato. É preciso, dizem eles, ao requerente o direito de voltar a juízo para pleitear a decretação da falência. Entendemos, juntamente com outros autores, que não há necessidade de fato novo; se houvesse, não haveria razão para o legislador expressamente declarar que a decisão denegatória da falência não tem autoridade de coisa julgada". (MAGALHÃES, Hamilton. *Direito Falimentar Brasileiro*. 2ª ed. São Paulo, Saraiva. 1983. p. 46.

bém dirigindo-o contra a mesma pessoa e apoiando-o com o mesmo suporte fático.

Por outro lado, não pode o devedor ficar ao arbítrio do mesmo credor. Se este, abusivamente, lhe requerer pela segunda vez a falência, agirá com dolo ou culpa, incidindo nas disposições do art. 20 da Lei de Falências[27].

Essas são as razões que levaram os autores consultados a concluir que a sentença denegatória da falência não tem força de coisa julgada, tendo o credor a faculdade de formular outro pedido, não podendo, contudo, abusar deste direito, face ao disposto no art. 20 da Lei de Falências.

Para Pontes de Miranda, a sentença que deixa de decretar a falência não faz coisa julgada material[28].

Portanto, o instituto da coisa julgada, perante a Lei de Falências, é colocado de forma diferente. O legislador deixou claro no parágrafo único do art. 15: "A sentença que não declarar a falência não terá autoridade de coisa julgada".

No Direito Falimentar brasileiro é possível justificar-se, sem uma análise mais pormenorizada, a ausência da coisa julgada material, considerando-se não ser a falência uma ação entre autor e réu, mas

---

[27] "Quem por dolo requerer a falência de outrem, será condenado, na sentença que denegar a falência, em primeira ou segunda instância, a indenizar ao devedor, liquidando-se na execução da sentença as perdas e danos. Sendo a falência requerida por mais de uma pessoa, serão solidariamente responsáveis os requerentes. Parágrafo único. Por ação própria, pode o prejudicado reclamar a indenização, no caso de culpa ou abuso do requerente da falência denegada".

[28] "Se a razão de se não decretar a abertura da falência foi processual, pode ser renovado o pedido". PONTES DE MIRANDA, *Tratado de direito privado*, tomo XXVIII. São Paulo, Revista dos Tribunais, 1984, p. 144.

um instituto jurídico que visa à própria defesa do crédito e interessa a um universo de credores, estando evidente o interesse público.

4.6. Recurso em sentido estrito

O recurso em sentido estrito, previsto pelo parágrafo único do artigo 198 da Lei de Falências, cabe contra sentença do juiz criminal, que indeferir o pedido de reabilitação do devedor. Aqui o recurso é próprio da legislação falimentar e denominado, neste estudo, por motivos didáticos, de recurso típico.

Como ocorre com a legislação processual civil, o Código de Processo Penal aplica-se subsidiariamente, razão pela qual cabe o recurso em sentido estrito contra o despacho que receber ou não receber a denúncia ou queixa por crime falimentar (art. 581, I, Código de Processo Penal).

4.7. Embargos infringentes

Quando a falência é decretada em grau de apelação, serão admissíveis os embargos infringentes, quando não for unânime o julgado proferido (art. 530 do CPC), pois o duplo grau de jurisdição também é aplicado nesta hipótese.

A admissão de embargos infringentes quando a falência for decretada no segundo grau constitui uma posição pacífica entre nossos doutrinadores. J.C. Sampaio de Lacerda não admite tal hipótese para os casos em que a falência for decretada no segundo grau[29].

Wilson de Souza Campos Batalha e Sílvia Marina Labete Batalha entendem, com evidente acerto, que os embargos infringentes são cabíveis[30].

O Superior Tribunal de Justiça, sobre este tema, editou a Súmula nº 88, admitindo embargos infringentes em processo falimentar.

Conforme o exposto, nos processos falimentares, parte dos doutrinadores tende a admitir que são cabíveis somente os recursos previstos na lei específica, porque o especialíssimo processo falimentar não pode sujeitar-se aos entraves do regime recursal do Código de Processo Civil.

Desse modo, no âmbito do processo falencial, para estes autores, o recurso somente é cabível quando a lei o prevê expressamente.

Assim, relativamente ao recurso de embargos, são freqüentes as decisões concluindo que a Lei de Falências, ao determinar seu sistema de recursos, que é específico, não contempla a admissibilidade dos embargos infringentes.

---

[29] "Admitir-se tal recurso importará na possibilidade de se processar a falência decretada, trazendo conseqüências sérias ao procedimento falimentar, retardando providências que devem ser tomadas de pronto, inclusive a cessação das atividades do falido; que, se ficar à testa do seu negócio, poderá acarretar, de qualquer forma, prejuízos de vulto aos credores, inclusive o depauperamento da massa". LACERDA, J.C. Sampaio de. *Manual do Direito Falimentar*, 12ª ed., Rio de Janeiro, Biblioteca Jurídica Freitas Bastos, 1985, p. 82.

[30] "Se a falência, denegada em primeiro grau, vem a ser decretada em apelação, por maioria de votos, cabem embargos infringentes, desde que verificados os pressupostos desta modalidade recursal e versando tão-somente sobre os pontos em que tenha havido divergência". BATALHA, Wilson de Souza Campos; BATALHA, Silvia Marina Labete. *Falências e Concordatas*. São Paulo, LTR, 1991, p. 225.

Contudo, não faltam posições doutrinárias em sentido contrário.

Antes de entrar em vigor o Código de Processo Civil, o legislador adaptou ao novo estatuto processual e, especialmente, ao seu sistema de recursos, as leis que ali foram discriminadas, entre as quais a legislação falimentar. Nessas condições, são admissíveis os embargos infringentes no processo de falência.

Entendemos que a razão está com este último modo de focalizar o sistema de recursos na LF.

4.8. Embargos de declaração

Na mesma linha de raciocínio, para os autores que não restringem o uso do Código de Processo Civil subsidiariamente à legislação falimentar, são cabíveis os embargos de declaração, opostos ao próprio juiz prolator da sentença, tanto de primeira quanto de segunda instância, com o objetivo de obter o esclarecimento de obscuridade, o suprimento de omissão ou contradição[31].

Com a oposição dos embargos de declaração, o juiz não pode modificar a mesma decisão, podendo, todavia, declarar omissões, obscuridade ou contradições.

---

[31] "Assim, há obscuridade no acórdão quando for ele ambíguo ou de difícil entendimento, e haverá dúvida quando existem afirmações que se contrapõem, que se anulam ou são inconciliáveis, e, finalmente, haverá omissão quando o acórdão deixa de se pronunciar sobre questões que deveriam ser decididas". MAGALHÃES, J. Hamilton de. *Direito Falimentar Brasileiro*, 2ª ed. São Paulo, Saraiva, 1983, p. 60.

Os embargos de declaração, que, por natureza, são recursos, conforme leciona Nelson Nery Júnior, são cabíveis nos processos filamentares[32].

4.9. Recursos Constitucionais

O recurso extraordinário e o recurso especial, por serem de natureza constitucional, são cabíveis no processo falimentar.

Rubens Requião, em seu magistério, sustenta que a Lei de Falências possui sistema recursal próprio, não podendo ser ampliado para adotar outros recursos que não os nela enumerados. Pretende este autor que a legislação falimentar é auto-suficiente.

Ocorre que o nosso sistema processual em vigor não restringe o uso dos recursos.

Se a Lei de Falências silencia, aplica-se subsidiariamente o Código de Processo Civil. No caso de conflito de normas, como solução, prevalece a Lei de Falências, pois a legislação falimentar não trata dos recursos constitucionais, servindo, nestes casos, a regra geral, que não exclui o recurso extraordinário e o especial, por serem de concessão constitucional. O processamento deles segue o rito previsto na legislação.

Possuem, o recurso extraordinário e o especial, um núcleo comum. São recursos de direito estrito,

---

[32] "Foi incluído o termo sentença no texto do CPC, 535, de sorte a não deixar mais dúvida quanto à natureza do recurso ostentada pelos embargos de declaração, quer sejam contra sentença, quer contra acórdão". NERY JÚNIOR, Nelson. *Atualidades sobre o Processo Civil*. São Paulo, Revista dos Tribunais, 1995.

encaminhados a tribunais superiores, e os fundamentos estão na Constituição Federal e apresentam base procedimental rígida[33].

Como requisitos para a interposição do recurso extraordinário e o especial, exige-se, inicialmente, que a parte seja legítima e que a decisão seja de única ou última instância por Tribunais. São cabíveis, portanto, somente depois de esgotados os recursos ordinários.

A matéria questionada deverá ser federal, não cabendo os recursos se a matéria for de direito estadual, municipal ou do Distrito Federal.

O processamento do recurso extraordinário e do especial é nos próprios autos e tem efeito apenas devolutivo.

O recurso extraordinário, que não visa a fazer justiça, não tem cabimento contra sentença injusta e possui caráter eminentemente processual. É interposto como recurso propriamente dito, no mesmo processo, e tem como objetivo a defesa da ordem

---

[33] "Sob o aspecto ora examinado - o recurso enquanto meio de restauração do 'justo' - o recurso extraordinário, e, agora o especial, se apresentam refratários: ambos são remédios 'excepcionais', destinados não propriamente à recomposição do 'justo' (objetivo a ser perseguido na instância recursal ordinária), mas antes à preservação da 'inteireza positiva' da CF e do direito federal *stricto sensu*, respectivamente". MANCUSO, Rodolfo de Camargo. *Recurso Extraordinário e Recurso Especial*. 3ª ed. São Paulo, Revista dos Tribunais, 1993.

"Uma leitura da CF vigente, em seus artigos 102, III e 105, III, e suas alíneas, seguida de confronto com o art. 119. III e alínea da CF precedente, revela desde logo o primeiro dado relevante: o constituinte apenas desmembrou o recurso extraordinário, remanescendo em seu âmbito as questões constitucionais, outrossim, pinçando as hipóteses relativas às 'questões federais', com estas formou o conteúdo do recurso especial, direcionando-o a um novo Tribunal, 'sucedâneo' do TFR: O Superior Tribunal de Justiça. Ob. cit., p. 26.

pública em ver prevalecer a correta aplicação da Constituição Federal e da legislação federal.

O recurso especial tem como finalidade principal a preservação da ordem pública e, de modo particular, objetiva a garantia da correta aplicação das normas infraconstitucionais, corrigindo o prejuízo sofrido pela má interpretação da norma jurídica.

Os fundamentos de admissibilidade estão na Constituição Federal, e não no Código de Processo Civil.

O sistema processual brasileiro não prevê, na Constituição Federal, norma ensejadora de limitação ou vedação ao cabimento do recurso extraordinário ou especial, não podendo, desta forma, o legislador infraconstitucional restringir o acesso ao Supremo Tribunal Federal e ao Superior Tribunal de Justiça, impondo barreiras processuais ao cabimento destes recursos. O direito aos recursos decorre da alegação da parte de que o acórdão violou a Constituição Federal ou a legislação federal. A efetiva violação constitui o mérito dos recursos (extraordinário e especial).

Recurso Especial:

"Como há pouco dissemos, a Constituição Federal de 1988 distribuiu a matéria correspondente ao recurso extraordinário entre o Supremo Tribunal Federal e o Superior Tribunal de Justiça, que é uma Corte, como o STF, incumbida de julgar, extraordinariamente, as causas em que se alegue ofensa a direito federal (infraconstitucional). O chamado recurso especial, de que trata o art. 105, III, da Constituição Federal, não deixa de ser, quanto a sua nature-

za, um recurso extraordinário, com os mesmos pressupostos, a mesma natureza e as mesmas limitações próprias do nosso tradicional recurso extraordinário. O recurso especial, portanto, como o extraordinário, é um recurso de fundamentação vinculada, para cujo cabimento não basta que a parte invoque a própria sucumbência, tornando-se necessária a invocação de uma questão federal 'debatida (prequestionada) na causa, de que o recorrente tire a conclusão de ter havido violação do direito federal de natureza infraconstitucional (se a alegada violação ao direito federal for de natureza constitucional, então cabível será o extraordinário, perante o STF).
Igualmente as regras procedimentais aplicáveis ao recurso especial são idênticas àquelas correspondentes ao extraordinário. Se, todavia, houver, na mesma decisão recorrida, alegação de ofensa tanto à Constituição Federal, de modo que caiba recurso extraordinário, e ofensa também à lei ordinária a legitimar o recurso especial, então a parte sucumbente deverá interpor ambos os recursos em petições distintas, devendo ser apreciado em primeiro lugar o recurso especial. Somente depois de concluído o julgamento deste é que os respectivos autos serão remetidos ao Supremo Tribunal Federal para o julgamento do extraordinário (art. 27, § 4º, da Lei 8.038), salvo se o relator do recurso especial considerar que o extraordinário é prejudicial daquele, caso em que sobrestará o julgamento, remetendo os autos ao Supremo Tribunal Federal para que este primeiramente julgue o recurso extraordinário (art. 27, § 5º)."

Ovídio A. Baptista da Silva. *Curso de Processo Civil*, I. 1ª. ed. Porto Alegre, Sérgio Antônio Fabris Editor; 1991, p. 395.

Conforme já afirmado neste estudo, no conflito aparente de normas, prevalece a Lei de Falências, pelo princípio da especialidade e pela própria natureza da sentença falimentar, que dá início ao processo de execução coletiva, não se suspendendo com a interposição de recursos.

A regra não exclui o recurso ordinário, pela simples razão de que este é de concessão constitucional. É assim em relação ao recurso adesivo e ao agravo retido, pois constituem, essas figuras, simples modalidades nitidamente processualísticas. Com razão, pois, J. A. Penalva Santos, quando sustenta, na obra citada, a admissão da técnica processual da apelação adesiva e do agravo retido no processo falencial.

Dessa forma, o processamento dos recursos, em matéria falimentar, segue o rito previsto na lei processual ordinária, com as indicações especiais do art. 207 da Lei Falimentar.

São recursos de caráter excepcional ou especial, pelo fato de decorrerem de normas constitucionais. São interpostos das decisões finais, proferidas por juízes ou Tribunais, nos casos mencionados na Constituição Federal.

São recursos para tutelar o direito ferido, não cabendo a sua interposição para apreciação de matéria de fato.

O recurso extraordinário e o especial são espécies de um mesmo gênero e, no processo civil brasileiro, possuem normas procedimentais comuns.

5

Contagem do prazo de recurso

A Lei de Falências, em seu art. 204 estabelece que todos os prazos expressos no seu texto são peremptórios e contínuos, não se suspendem em dias feriados e nas férias forenses, e correm em cartório, salvo disposição em contrário, independentemente de publicação ou intimação[34].

Na maioria dos recursos previstos na Lei de Falências, o prazo para a sua interposição corre em cartório[35].

---

[34] Súmula 25 do STJ - "Nas ações da Lei de Falências o prazo para a interposição de recursos conta-se da intimação da parte". COELHO, Fábio Ulhoa. *Código Comercial e Legislação Complementar Anotados*. São Paulo, Saraiva, 1995, p. 603.

[35] "Conforme ponderou o eminente Desembargador Helvécio Rosemberg: Embora a lei fale que os prazos correm em cartório, essa mesma Lei recomenda que as intimações sejam feitas pessoalmente às partes ou ao seu representante legal ou procurador, por Oficial de Justiça ou pelo Escrivão. Ora, as partes só tomam conhecimento das decisões, segundo a lei processual, em regra geral, por intimação, ato de iniciativa do escrivão, que se efetiva por via de mandato, por publicação no órgão oficial, por edital, por carta, ou mesmo por ato do escrivão. O fato de o prazo correr em cartório não isenta as partes de tomar conhecimento das decisões pelos meios acima referidos. Uma coisa é correr o prazo em cartório e outra a intimação às partes para conhecimento das decisões pelos meios acima referidos. Uma coisa é correr o prazo em cartório e outra a intima-

Na doutrina instalou-se certa confusão acerca da expressão *correr em cartório*, quando se fala em termos de prazo para a interposição de recursos. Encontramos duas acepções para ela. A primeira, expressa no *caput* do art. 204 da Lei de Falências, significando que o prazo não depende de publicação e se conta a partir do momento em que o juiz entrega os autos em cartório, colocando-os à disposição das partes e interessados, dispensada a intimação; a segunda acepção dá a entender que os autos permanecem em cartório, no prazo do recurso.

Prevalece, para os prazos que ocorrem em cartório, o entendimento de que começam a fluir da liberação dos autos, exceto nos casos expressamente referidos na Lei das Falências, quando começam a correr da primeira publicação (parágrafo único, art. 204 da Lei de Falências).

ção às partes para conhecimento dos termos da decisão. Cuida-se, sem dúvida. de interpretação mais razoável. Em matéria de recurso os prazos correm da data da intimação, sem embargo de correrem em cartório. Aplica-se, subsidiariamente, o Código de Processo Civil". (STF, 2ª Turma, RE, 88.6727, Relator Ministro Djaci Falcão, v.u. j. 29-2-80, RTJ 97/6751. BATALHA, Wilson de Souza Campos; BATALHA, Sílvia Marina Lobato. *Falências e Concordatas*. São Paulo, LTR, 1991, p. 705.

6

Fungibilidade dos recursos

Nas situações em que existem dúvidas na doutrina e na jurisprudência quanto ao recurso adequado, a parte não deve ficar prejudicada pela interposição equivocada de um recurso por outro. Assim, adota-se o princípio da fungibilidade dos recursos, colocando-se o interesse em recorrer acima da legitimidade formal, pois a efetividade do processo é meta perseguida pelos processualistas de nosso tempo.

Onde não houver má-fé ou erro grosseiro, o juiz deve admitir o recurso interposto em lugar de outro, em caso de evidente equívoco, determinando seu processamento de acordo com os dispositivos processuais pertinentes, independentemente de provocação da parte.

Se o reconhecimento do equívoco ocorrer junto ao juízo *ad quem*, este deverá, dependendo do caso concreto, converter o julgamento em diligência, para que se proceda de acordo com o que dispõe a legislação processual.

O Código de Processo Civil de 1939, em seu artigo 810 preceituava: "Salvo a hipótese de má-fé ou erro grosseiro, a parte não será prejudicada pela interposição de um recurso por outro, devendo os autos ser enviados à Câmara, ou Turma, a que competir o julgamento".

Este dispositivo não foi incluído no Código de Processo Civil de 1973, mas o princípio permaneceu em nosso sistema processual.

Segundo o magistério de Alcides de Mendonça Lima, é possível adotar-se o princípio da fungibilidade dos recursos[36].

Ao comentar o princípio da fungibilidade, com muita propriedade, afirma Nelson Nery Júnior que, por ser regra de ordem geral, decorrente do próprio sistema jurídico, não necessita estar previsto expressamente em normas legais, para sua validade e eficácia[37].

---

[36] "O antigo art. 810 acolhera o princípio da fungibilidade dos recursos, com a aplicação da teoria do recurso indiferente a que se reporta James Goldschmidt, também denominada de 'teoria tanto vale' (Sowohl-anch-Theorie). Por esses princípios, que mais não são do que variantes ou modalidades do princípio do maior favor, a simples manifestação da desconformidade da parte a uma decisão contrária a seus interesses é, em tese, suficiente para que seu recurso tenha seguimento e seja conhecido, salvo os casos de má-fé ou erro grosseiro.
Somente razões muito ponderáveis, muito sérias. muito evidentes, devem impedir o julgamento de um recurso, salvo revelando que não existe a intenção honesta de tentar a reforma da decisão, mas o vil propósito de agir com malícia, por via de erro grosseiro, para prejudicar a parte vencedora, procrastinando a efetivação do direito que lhe foi assegurado pelo julgado recorrido". LIMA, Alcides de Mendonça. *Introdução aos recursos cíveis*, 2ª ed. São Paulo, Revista dos Tribunais, 1976, p. 245.

[37] "A prática tem demonstrado, entretanto, que há muitas dúvidas a respeito da adequação recursal no novo sistema processual. Algumas são derivadas das imperfeições e impropriedades terminológicas existentes no próprio código; outras, de divergências doutrinárias e jurisprudenciais. De qualquer sorte, é preciso que se estabeleça mecanismo capaz de contornar esse grave problema, de modo que a parte não fique prejudicada em virtude da interposição de um recurso por outro, quando a culpa por isso não lhe couber. Este é o escopo primeiro do princípio da fungibilidade dos recursos". NERY JÚNIOR, Nélson. *Princípios Fundamentais - Teoria Geral dos Recursos*, 2ª ed. São Paulo. .Revista. dos Tribunais, 1993, p. 311.

7

Recurso adesivo

A Lei nº 6.014, de 27 de dezembro de 1973, para adequar seus dispositivos às leis especiais, alterou o art. 207 da Lei de Falências, enunciando que "o processo e os prazos da apelação e do agravo de instrumento são os do Código de Processo Civil".

O recurso adesivo é um instituto de natureza nitidamente processualística e seu processamento, em matéria falimentar, é determinado pelo artigo 500 e incisos do Código de Processo Civil[38], com as indicações especiais do art. 207 da Lei Falimentar.

---

[38] "Cada parte interporá o recurso, independentemente, no prazo e observadas as exigências legais. Sendo, pois, vencidos autor e réu, ao recurso interposto por qualquer deles poderá aderir a outra parte. O recurso adesivo fica subordinado ao recurso principal e se rege pelas disposições seguintes:
I - será interposto perante a autoridade competente para admitir o recurso principal, no prazo de que a parte dispõe para responder;
I - será admissível na apelação, nos embargos infringentes, no recurso extraordinário e no recurso especial;
III- não será conhecido, se houver desistência do recurso principal, ou se for ele declarado inadmissível ou deserto.
Parágrafo único. Ao recurso adesivo se aplicam as mesmas regras do recurso independente, quanto às condições de admissibilidade preparo e julgamento no tribunal superior".

A legislação falimentar não prevê, expressamente, o uso do recurso adesivo, mas a legislação processual, de utilização supletiva e posterior à lei especial, permite a interposição do recurso adesivo. Neste sentido é a lição de J. A. Penalva Santos, ao comentar a Lei de Falências, cotejando-a com o Código de Processo Civil[39].

---

[39] "De resto seria injusto negar-se ao apelado a oportunidade de apresentar o seu recurso, no prazo do art. 500 do Código de Processo Civil, na falência, quando nos outros processos tal faculdade lhe é permitida ". SANTOS, J. A. Penalva. *A Lei de Falências e o Novo Código de Processo Civil*, Rio-São Paulo, 1975, p. 17.

8

Legitimidade do Ministério Público para recorrer em matéria falimentar

A intervenção do *Parquet* em processo falimentar é obrigatória, sob pena de nulidade (art. 84 do Código de Processo Civil). No caso concreto, aplica-se a teoria geral das nulidades. Não se há de decretar a nulidade se puder ser sanada a falta ou desta não decorrer prejuízo.

Assim, alguns entendem que tal intervenção só é exigida após a decretação da falência (inciso II, art. 15 da Lei de Falências).

A legislação falimentar prevê expressamente a atuação do *Parquet* só após instaurado o processo pela sentença. Por outro lado, a Lei de Falências é anterior ao Código de Processo Civil, e este diploma legal determina a oitiva do agente do Ministério Público nos casos de interesse público. O *Parquet* está autorizado a intervir antes do decreto de falência, pela própria natureza do processo.

Outra hipótese é a falência decretada em pedido de concordata preventiva, com atuação do Ministério Público, na qualidade de *custos legis*, prevista no inciso VII, art. 159 da Lei de Falências, com redação dada pela Lei 8.131, de 24-12-90. Neste caso, não resta a menor dúvida de que a sentença proferida sem a oitiva do Ministério Público é nula.

Também cumpre ressaltar que o Código de Processo Civil (Lei 5.869, de 11-1-73), posterior à Lei de Falências (Dec.-Lei 7.661, de 21-6-45), se aplica subsidiariamente em matéria falimentar, conforme sustentamos ao longo deste trabalho, com suporte no magistério dos autores consultados.

O diploma processual determina a anulação dos processos a partir do momento em que o *Parquet* deveria intervir, e não atuou, por ausência de intimação (art. 84 do Código de Processo Civil).

O Ministério Público está legitimado a recorrer nos processos filamentares. Não procede a argumentação que nega legitimidade para impugnar decisões proferidas nos processos em que atua como *custos legis*. Assim, em todos os processos e atos em que caiba manifestar-se, tem a faculdade de recorrer.

Nos termos do art. 499, § 2º, do Código de Processo Civil, tem o Ministério Público legitimidade para recorrer, no processo em que é parte, bem como naqueles em que oficiou como *custos legis*; para estes, a matéria encontra-se sumulada pelo Superior Tribunal de Justiça[40].

Desse modo, conclui-se que, atualmente, a intervenção do Ministério Público é obrigatória em todas as fases do processo falimentar. Neste, o Ministério Púbico, nos termos do inciso II do art. 15 da Lei de Falências, passa a intervir após a declara-

---
[40] "O Ministério Público tem legitimidade para recorrer no processo em que oficiou como fiscal da lei, ainda que não haja recurso da parte ". Súmula nº 95.

ção da falência. Antes não existe a falência, pois esta tem seu início com a sentença que a declara e vai até a sentença de encerramento. A decisão não é terminativa, pois instaura o processo, dando início à execução.

Com a entrada em vigor do atual Código de Processo Civil, os juízes, em grande maioria, antes de proferir a sentença declarando ou negando a falência, dão vista dos autos ao Promotor de Justiça.

Justifica-se a oitiva do *Parquet*, pois o processo, pela sua natureza, é falimentar, e está evidente o interesse público.

Para melhor clareza do tema, teremos de desdobrá-lo em duas hipóteses. Primeira: legitimidade para recorrer da sentença que decreta ou denega a falência, sem oitiva do Ministério Público; segunda: o juiz decreta a falência ou a denega, com oitiva do *Parquet*.

Alguns sustentam que o Ministério Público não tem legitimidade para recorrer da sentença que não decreta falência, por não estar arrolado entre os legitimados para requerê-la (arts. 8º, 9º e incisos, Lei de Falências).

O nosso sistema não permite o pedido de falência *ex officio*, ao contrário das leis portuguesa e italiana.

Segundo nosso entendimento, tratando-se de processo que, pela sua natureza, revela interesse público, o Ministério Público está legitimado a recorrer, e sua atribuição de fiscal da lei não pode ser exercida pela metade, ou a requerimento.

Embora o Ministério Público não possua legitimidade para pedir a falência do devedor, é ele o guardião da ordem jurídica, conforme o art. 127 da

Constituição Federal e, nesta condição, pode impugnar, mediante recurso de apelação, a sentença que denega o pedido de falência.

Nos termos do artigo 82, inciso III do Código de Processo Cívil, tem competência para intervir nas causas em que há interesse público.

Sustentam alguns doutrinadores que a legitimidade não se confunde com o interesse. No processo falencial, o Ministério Público tem ampla legitimidade para interpor recursos. Haverá interesse para recorrer na defesa, da ordem jurídica ou do interesse público[41].

Também, com mais razão, possui o *Parquet* legitimidade para recorrer da sentença que decreta ou denega o pedido de falência, no processo que emitir parecer.

O mesmo raciocínio serve para o processo no qual o juiz concede ou denega a concordata preventiva. Considerando-se a importância social do instituto da concordata, o interesse público é evidente, pois o devedor poderá ter violado a lei penal.

---

[41] "A lei legitimou o Ministério Público para recorrer, quer haja sido parte quer funcionado no processo como *custos legis*. Naturalmente, não há necessidade de o Ministério Público haver efetivamente funcionando nos autos como fiscal da lei para que se legitime a recorrer, como a primeira leitura do texto poderia sugerir, mas basta ter havido a possibilidade de fazê-lo". NERY JÚNIOR, Nélson. *Princípios Fundamentais-Teoria Geral de Recursos*, 2ª. ed. São Paulo, Revista dos Tribunais, 1993, p. 108.

9

Mandado de segurança

Em matéria falimentar, pela sua própria natureza, alguns recursos têm efeito meramente devolutivo. No caso concreto, podem surgir ocasiões em que a impugnação prevista em lei seja incapaz de evitar o prejuízo causado pela decisão. Nestes casos, a solução coerente é admitir o mandado de segurança para evitar o perecimento do direito ou dano irreparável[42].

O mandado de segurança não é recurso nem sucedâneo recursal, mas, pela sua importância, é admitido para o fim de atribuir efeito suspensivo ao

---

[42] "Em falência há um momento processual em que o falido pode se valer desse remédio para proteção de um direito líquido e certo. É quando o juiz, ao analisar o pedido de concordata, não despacha o processamento e declara aberta a falência. Vejamos: o requerente da concordata, agora falido, se vale do agravo de instrumento, que é o recurso normal para reformar a sentença de falência, que não tem efeito suspensivo e, assim, mesmo que o tribunal reforme a sentença do juiz *a quo*, concedendo o processamento da concordata, haverá um período de tempo de imensa importância para a vida da empresa, com acontecimentos, alguns irreversíveis, de ordem patrimonial, que poderão mais tarde propiciar a falência, com gravíssimos prejuízos ao patrimônio e conseqüentemente aos credores". ANDRADE, Jorge Pereira. *Manual de Falências e Concordatas*, 3ª ed. São Paulo, Atlas, 1992, p. 293.

agravo de instrumento, que tem apenas efeito devolutivo. A jurisprudência exige que se tenha verificado abuso de autoridade ou ilegalidade praticada pela autoridade judiciária. Deverá o requerente provar a possibilidade de sofrer dano irreparável ou de difícil reparação; demonstrar que será ineficaz o recurso, caso venha a ser provido[43].

O art. 1º da Lei nº 1.533, de 31-12-51 dispõe:

"Art. 1º - Conceder-se-á mandado de segurança para proteger direito líquido e certo, não amparado por *habeas corpus*, sempre que, ilegalmente ou com abuso de poder alguém sofrer violação ou houver justo receio de sofrê-la por parte de autoridade, seja de que categoria for ou sejam quais forem as funções que exerça ".

Em muitos casos, a lei não indica recurso, mas a decisão pode ferir direito líquido e certo. Nestes casos, amparados pela sistemática processual brasileira, os tribunais têm admitido o mandado de segurança.

---
[43] "Nesses casos, a concordatária pode interpor agravo de instrumento (art. 17 da Lei de Falência, atacando a sentença, mas para evitar que o magistrado receba o agravo, no efeito devolutivo, ou seja, sem efeito suspensivo, impetrará mandado de segurança, para que o agravo sela recebido, excepcionalmente, no efeito suspensivo, pois, do contrário, prejuízos certos e irreversíveis advirão, com a tramitação da falência, em termos que reduziram a nada a eficácia da segurança, caso, a final, fosse concedida. No entanto, o mal pode ser atalhado a tempo se o Tribunal *ad quem* conceder a liminar para que o agravo tenha efeito suspensivo, porque não só a empresa poderá manter o ritmo normal de trabalho, produzindo, pagando os empregados e credores, como também o síndico ficará impedido de praticar qualquer ato que importe a alteração do patrimônio da sociedade comercial impetrante." . CRETELLA JÚNIOR. *Comentários à lei do mandado de segurança*, 6ª ed. Rio de Janeiro, Forense, 1991, p. 289.

Nosso sistema não admite decisões de instância única, que ocorrem apenas em hipóteses restritas e excepcionais[44].

---

[44] "Nessa ordem de idéias, os tribunais consentem a admissibilidade do mandado de segurança em caso de decisão irrecorrível, que fira direito subjetivo líquido e certo, como nestas amostras:
"Cabe mandado de segurança contra decisão judicial insuscetível de recurso com efeito suspensivo. (Quinta Câmara Cível do Tribunal de Justiça de São Paulo, *in* Revista dos Tribunais 177/521. Se contra literal disposição não cabe recurso com efeito suspensivo, incorrendo a possibilidade de ser reparada desde logo a ofensa, impõe-se o conhecimento e concessão de mandado de segurança." (Câmaras Cíveis Reunidas do Tribunal de Justiça de São Paulo, *in* Revista dos Tribunais 434/63).

Conclusão

A matéria processual tratada neste estudo é complexa. Os recursos, na omissão da Lei de Falências, são importados do direito processual. Os mais importantes, além de outros previstos na legislação falimentar, são o agravo de instrumento e os embargos, recebidos no efeito devolutivo, conforme determinam os artigos 17 e 18, com seus parágrafos (Lei de Falências). O § 4º do artigo 18 é claro: "Os embargos não suspendem os efeitos da sentença declaratória da falência, nem interrompem as diligências e atos do processo". Por este efeito, a causa continua o seu curso ou tramitação, como se recurso não houvesse. Por outro lado, não resta a menor dúvida de que os embargos, pela sua natureza de impugnação a uma decisão que faz coisa julgada, se classificam como recurso.

Os recursos previstos na Lei de Falências não são suficientes à efetividade do processo, pois deixam muitas decisões sem previsão de impugnação, com evidente prejuízo ao sistema empresarial. Por esta razão, a doutrina e a jurisprudência, majoritariamente, admitem a aplicação subsidiária da legislação processual comum (civil e penal), em atendimento ao princípio do duplo grau de jurisdição, que não admite decisão irrecorrível.

Conforme demonstrado ao longo do trabalho, para maior eficácia da legislação falimentar, esta é composta por normas de direito material e de direito processual. Assim, o processamento dos recursos segue o rito previsto na lei processual ordinária, com as indicações especiais do art. 207 da Lei de Falências.

Não obstante o Direito Comercial, como ciência autônoma, do qual faz parte o Direito Falimentar, adotar princípios próprios, não é possível dissociar-se o direito material do direito processual.

A própria Lei de Falências, orientada por nossa tradição jurídica, composta por normas de direito material e de direito processual, é um corpo único, indissociável.

No processo falimentar, a sentença, por sua própria natureza, é constitutiva, e a partir dela é que temos a falência propriamente dita. Ela instaura o processo independentemente do trânsito em julgado.

Considerando-se que o recurso, em regra, não suspende o curso do processo, a execução é provisória. Sendo uma execução provisória, a natureza dos recursos típicos torna-os diferenciados dos atípicos ou sucedâneos recursais.

O agravo de instrumento e os embargos são recursos típicos para atacar a sentença que decreta a falência. Possuem apenas o efeito devolutivo, e a causa continua o seu curso ou tramitação na primeira instância, ao contrário do agravo de instrumento atípico, a que o Relator "poderá atribuir efeito suspensivo ".

A sentença instaura a execução coletiva e dá-lhe início, o que Pontes de Miranda denominou de sentença "com eficácia executiva provisória ".

Em razão do princípio da especialidade, a reforma que modificou dispositivos do Código de Processo Civil não atingiu a sistemática recursal da Lei de Falências.

Matéria aparentemente controvertida - por isso tratada neste estudo - é a impetração do mandato de segurança para dar efeito suspensivo aos recursos que, por sua natureza, são recebidos apenas no efeito devolutivo.

A sentença é executada independentemente do trânsito em julgado da decisão. E é assim para evitar-se prejuízo ao próprio sistema econômico.

Por outro lado, no caso de recursos recebidos apenas no efeito devolutivo, a doutrina e a jurisprudência admitem a impetração de mandado de segurança para acrescentar, ao efeito devolutivo, o suspensivo.

O recurso de agravo de instrumento contra a sentença que decreta a falência tem essa denominação por assemelhar-se ao agravo do Código de Processo Civil e adotar o regramento deste, mas nada impediria que tivesse outra denominação, pois não é da mesma natureza, embora a legislação brasileira classifique todos como agravos.

Cabe ressaltar, também, que o recurso de embargos, previsto na legislação falimentar, se contestado pela parte recorrida, passa a ser uma verdadeira ação ordinária, e, contra a sentença que julga os embargos, cabe o recurso de apelação. Pela sua natureza, é um recurso que admite a produção de provas e é instruído e julgado pelo próprio prolator da decisão embargada.

A doutrina brasileira, sem aprofundar o tema, quanto ao fenômeno da coisa julgada, limita-se a afirmar, copiando o texto legal, que a denegação do pedido de falência não transita em julgado. Esta afirmação merece análise mais aprofundada, que não é o objeto deste estudo, no qual se examinaram aspectos genéricos.

Bibliografia

ABRÃO, Nelson. *Curso de Direito Falimentar.* 4ª ed. São Paulo: Revista dos Tribunais, 1993.

ABRÃO, Nelson. *O Novo Direito Falimentar.* 1ª ed. São Paulo: Revista dos Tribunais, 1985.

ALMEIDA, Amador Paes de. *Curso de Falência e Concordata.* 4ª ed. São Paulo: Saraiva. 1983.

ALVIM, Tereza Arruda Wambier. *O Novo Regime do Agravo.* 2ª ed. São Paulo: Revista dos Tribunais, 1996.

ALVIM, J. E. Carreira. *Novo Agravo.* Belo Horizonte: Del Rey, 1996.

ANDRADE, Jorge Pereira. *Manual de Falências e Concordatas.* 3ª ed. São Paulo: Atlas S/A, 1992.

ARAGÃO, E. D. Moniz de. *A Correição Parcial.* São Paulo: José Bushatsky, 1969.

BAPTISTA, Francisco de Paula. Coordenação de Alcides Tomassetti, Jr. *Teoria e Prática do Processo Civil e Comercial.* 1ª ed. São Paulo: Saraiva, 1988.

BARBI, Celso Agrícola. *Do Mandado de Segurança.* 5ª ed. Rio de Janeiro: Forense, 1987.

BATALHA, Sílvia Marina Labate; CAMPOS, Wilson de Souza. *Falências e Concordatas.* 1ª ed. São Paulo: LTR, 1991.

CAMPOS, Benedicto de. *O Ministério Público e o Novo Código de Processo Civil.* 1ª ed. São Paulo: Revista dos Tribunais, 1976.

COELHO, Fábio Ulhoa. *Código Comercial e Legislação Complementar Anotadas.* 1ª ed. São Paulo: Saraiva, 1995.

CRETELLA JÚNIOR, José. *Comentários à Lei do Mandado de Segurança.* 6ª ed. Rio de Janeiro: Forense, 1993.

DECRETO Nº 737, de 25 de novembro de 1850.

DINAMARCO, Cândido R. *Fundamentos do Processo Civil Moderno*. 1ª ed. São Paulo: Revista dos Tribunais, 1986.

DINAMARCO, Cândido Rangel. *A Reforma do Código de Processo Civil*. 2ª ed. São Paulo: Malheiros, 1995.

FERIANI, Luis Arlindo. *Breves Anotações às Recentes Alterações do Código de Processo Civil*. 3ª ed. São Paulo: E.V. Editora, 1995.

GRINOVER, Ada Pellegrini; DINAMARCO, Cândido R.; CINTRA, Antônio Carlos de Araújo. *Teoria Geral do Processo*. 2ª ed. São Paulo: Revista dos Tribunais, 1975.

———. *Princípios do Processo Civil na Constituição Federal*. 2ª ed. Ed. São Paulo: Revista dos Tribunais, 1995.

———. *Princípios Fundamentais - Teoria Geral dos Recursos*. 2ª ed. São Paulo: Revista dos Tribunais, 1993.

LACERDA, J. C. Sampaio de. *Manual de Direito Falimentar*. 12ª ed. Rio de Janeiro: Freitas Bastos, 1988.

LIEBMAN, Eurico Tullio. "Eficácia e Autoridade da Sentença". Tradução de Alfredo Buzaid e Benvindo Aires. *Revista. Forense*, Rio de Janeiro, 1945.

———. *Manual de Direito Processual Civil*. Vol. 1, 2ª ed. Tradução e Notas Cândido Rangel Dinamarco. Rio de Janeiro: Forense, 1985.

LIMA, Alcides de Mendonça. *Direito Processual Civil*. 1ª ed. São Paulo: José Bushatsky, 1977.

———. *Introdução aos Recursos Cíveis*. 2ª ed. Ed. São Paulo: Revista dos Tribunais, 1976.

LOPES, Aldo. *Recursos Cíveis nas Instâncias Superiores*. 1ª ed. São Paulo, 1993.

MAGALHÃES, J. Hamilton de. *Direito Falimentar Brasileiro*. 2ª ed. São Paulo: Saraiva, 1983.

MANCUSO, Rodolfo de Camargo. *Recurso Extraordinário e Recurso Especial*. 3ª ed. São Paulo: Revista dos Tribunais, 1993.

MENDONÇA, José Xavier Carvalho de. *Tratado de Direito Comercial Brasileiro*. 4ª ed. Parte I, Vol. 7/8. São Paulo: Freitas Bastos, 1946.

MILHOMENS, Jonatas. *Dos Recursos Cíveis*. Rio de Janeiro: Forense, 1991.

MIRANDA, Pontes de. *Comentários ao Código de Processo Civil*. 4ª ed. Atualização legislativa de Sérgio Bermudes. Tomo 1. Rio de Janeiro: Forense, 1995.

———. *Comentários ao Código de Processo Civil*. 3ª ed. Atualização legislativa de Sérgio Bermudes. Tomo II. Rio de Janeiro: Forense 1995.

———. *Tratado das Ações*. Tomo IV. São Paulo: Revista dos Tribunais. 1973.

———. *Tratado das Ações* Tomo 1. 2ª ed. São Paulo: Revista dos Tribunais, 1972.

———. *Tratado das Ações*. Tomo III. São Paulo: Revista dos Tribunais, 1972.

———. *Tratado de Direito Privado*. 3ª ed. Tomo XXVIII. São Paulo: Revista dos Tribunais, 1984.

MONTE, Roberval Clementino Costa do. *O Processo Civil na Superior Instância*. 1ª ed. Rio de Janeiro: Forense, 1979.

NEGRÃO, Theotonio. *Código de Processo Civil e Legislação Processual em Vigor*. 26ª ed. São Paulo: Saraiva: 1994.

NERY JÚNIOR, Nélson. *Atualidades Sobre o Processo Civil*. São Paulo: Revista dos Tribunais, 1995.

PELICANO, Helcias. *Código Comercial Brasileiro e Legislação Comercial em Vigor*. 1ª ed. RT Legislação. São Paulo: Revista dos Tribunais.

PORTO, Sérgio Gilberto. *Sobre o Ministério Público no Processo Não Criminal*. Estudos MP-1. Porto Alegre, 1985.

RAMALHO, Rubem. *Curso Teórico e Prático de Falências e Concordatas*. São Paulo: Saraiva, 1993.

REQUIÃO, Rubens. Curso de Direito Falimentar. 1º e 2º volumes, 14ª ed. São Paulo: Saraiva, 1995.

ROCCO, Ugo. *La Natureza del Proceso de Quebra*. 2ª ed. Bogotá: Editorial Temis Libreria, 1982.

ROSA, Nelson Nery Júnior . *Código de Processo e Legislação Processual Civil Extravagante em Vigor*. RT Legislação, Maria Andrade Nery, São Paulo.

SANT'ANNA, Rubens. *Falências e Concordatas*. 1ª ed. Porto Alegre: Síntese, 1977.

SANTOS J. A. Penalva. *A Lei de Falências e o Novo Código de Processo Civil*. 1ª ed. São Paulo: Forense, 1975.

SANTOS, Ulderico Pires dos. *Agravo de Instrumento*. 3ª ed. Rio de Janeiro: Lumen Juris, 1993.

SILVA, Ovídio A. Baptista da. *Curso de Processo Civil*. Vol. 1, 2ª ed. Porto Alegre: Sérgio Antonio Fabris, 1991.

———. *Sentença e Coisa Julgada*. 2ª ed. Porto Alegre: Sérgio Antonio Fabris, 1988

SOARES, Paulo Brasil Dill. *Guia Prático de Falências e Concordatas*. Rio de Janeiro: Trabalhistas, 1992.

STRECK, Lenio Luiz. *Súmulas no Direito Brasileiro*. Porto Alegre: Livraria do Advogado, 1995.

THEODORO JÚNIOR, Humberto. *As inovações no Código de Processo Civil*. 4ª ed. Rio de Janeiro: Forense, 1995.

TZIRULNIK, Luiz. *Direito Falimentar*. 2ª ed. São Paulo: Revista dos Tribunais, 1991.

VALVERDE, Trajano de Miranda. *Comentários à Lei de Falências*. 3ª ed. Volumes I, II e III. São Paulo: Forense, 1962.